A MES COMPATRIOTES

POURQUOI

JE NE SUIS

PAS RÉPUBLICAIN

La République tourne fatalement
au sang ou à l'imbécillité.
(A. THIERS.)

ANNECY
IMPRIMERIE D'AIMÉ PERRISSIN & Cie

1875

POURQUOI

JE NE SUIS PAS RÉPUBLICAIN

La République tourne fatalement
au sang ou à l'imbécillité.
(A. THIERS.)

Je ne suis pas républicain parce que la République, qui devrait être le gouvernement de la nation par la nation, est tout autre chose, en France du moins, où elle n'est même pas un gouvernement viable.

Depuis que la République a des adeptes en France, les chefs du parti — c'est de l'histoire — sont un composé de hâbleurs qui se recrutent parmi les ambitieux de haut et bas étage : démocrates aux goûts aristocratiques, qui se plaisent à accuser le sort de ne pas leur avoir donné l'occasion de faire montre de leurs talents, et qui en veulent à la fortune d'avoir été, pour eux, avare de ses faveurs, quand en somme ils ont, comme les heureux, trente-deux dents... et, de plus, des appétits qui suffiraient à croquer toutes les mille livres de rente qu'ils envient à leurs voisins.

Avec une pareille confiance en soi, le chef républicain ne peut avoir et n'a, en effet, qu'un désir : arriver, arriver aux honneurs ! arriver à la fortune ! Pour ensuite pouvoir traiter du haut de sa grandeur ceux dont il jalouse la position.

Or, de tout temps, le plus court et le plus sûr moyen de se créer une belle position sans se trop donner de peine, a été le trafic sur la bêtise et la conscience humaines : deux mines d'une inépuisable richesse, que les républicains ont exploitées et exploitent encore aujourd'hui avec une rare persévérance !

Persuadés que les classes intelligentes et les esprits désintéressés n'adopteront jamais leurs utopies, ils cherchent des adhérents parmi les nécessiteux , dont le caractère aigri par le malheur est porté à rendre le riche responsable de son sort, et parmi les ignorants, qui ne demandent à une idée que de flatter leur fibre sentimentale pour s'ébaudir de confiance, sans chercher à savoir si cette idée est réalisable. Le surplus de leur clientèle est fourni par les paresseux, les ivrognes et les faillis ; ils sont, eux, républicains par destination. Avouons, du reste, qu'ils n'ont pas le choix : le dégoût qu'ils inspirent aux autres partis ne leur permettant pas d'être autre chose.

Pour dominer un semblable parti, pour lui plaire, il faut absolument le flatter dans ses passions, dans ses appétits, dans son idée ; la vérité pas plus que la contradiction n'est écoutée chez lui, et les chefs républicains le savent bien. Sous l'Empire, nous les avons vus tour à tour, futurs membres de la *décadence* nationale ou de la Commune, se faire les très humbles adulateurs de la vile multitude en même temps que les excitateurs des souffrants et des égarés.

Là, Simon coudoyait Lissagaray, Gambetta tutoyait le citoyen Gaillard, M. le comte de Rochefort-Luçay donnait des poignées de mains aux rôdeurs de barrières, ses futurs électeurs, et, tous, poussés par le désir de plaire à cette populace, excitaient, dans leurs discours, le pauvre contre le riche, le prodigue contre l'économe, le paresseux contre le travailleur, enfin tous les vices contre la vertu !

Ils insultaient l'Impératrice, — une femme ! — et, pour mettre le comble à leurs turpitudes, ils niaient Dieu !

Aussi, qu'est-il arrivé ? Après le 4 Septembre cette populace, dont les appétits étaient d'autant plus surexcités que ses chefs avaient mieux réussi dans leur coup de main, voulut, à son tour, mais sans pouvoir y parvenir, avoir sa part de la curée, laquelle, quoique grasse, ne le fut pourtant pas assez pour que chacun eût son os à ronger. Alors, ne reconnaissant plus ses flatteurs de la veille dans ses maîtres du jour, elle fit une émeute le 31 octobre, en fit une autre en janvier, et, enfin, réussit, en proclamant la Commune le 18 mars, à se donner des maîtres selon son cœur.

Et c'est alors que Paris put véritablement se dire en République ! Les citoyens se soûlaient tous les jours, c'est vrai ; mais en revanche ils ne travaillaient pas ; les incendies succédaient aux assassinats, le sang précédait l'imbécillité.

Et, cela, sous quel prétexte, s'il vous plaît ?

Parce que la Chambre, pouvoir régulier, a trouvé prudent de transférer le siége du gouvernement à Versailles, non pas par peur des Parisiens, comme on l'a voulu faire croire, mais dans la crainte des républicains-communards qui déshonorent leur ville.

Et vous croyez après cela que ces mauvais républicains assisteraient impassibles à l'élection d'un nouveau président qui ne serait pas celui qu'ils auraient choisi ? Vous croyez que les frères et amis de Paris, Lyon, Marseille, — que les hommes de progrès appellent les cités intelligentes, — souffriraient patiemment que nous, les ruraux, nous leur imposassions un président qui ne serait pas à leur gré ?

Vous avez certainement entendu les radicaux, quand vous leur parliez de l'avénement d'un roi ou du retour de l'Empire, vous dire avec ce cynisme qui les caractérise : « Napoléon IV !... Henri V !..., mais ils seraient tués avant d'avoir fait une lieue en France ! »

Eh bien ! si le président élu n'était pas leur créature, un même sort lui serait réservé ; ou, tout au moins, les purs prendraient un fusil pour le déposséder et installer un des leurs à sa place.

Mais si leur candidat passait, s'il était nommé ?

Si leur candidat réunissait le plus de suffrages, nous reverrions ou les émeutes de 1848 ou les assassinats de la Commune, attendu que pour mériter la popularité qu'elle lui aurait accordée, ce président aurait dû prendre des engagements envers la radicaille, et, qu'une fois revêtu de la dignité suprême, il lui faudrait opter entre un programme conservateur et la réalisation des rêves de ses partisans.

Dans le premier cas, les radicaux crieraient à la trahison, au mensonge, au parjure ! que sais-je moi ? Et cela, soyez-en certain, sous la conduite d'un nouveau pur qui, reprenant en sous-œuvre la thèse que soutenait le puissant du jour, — alors qu'il était seulement prétendant à la première magistrature de l'Etat, — encouragerait les exigences républicaines et réussirait, sans doute, à s'implanter président. Puis, s'il se conduisait de la même manière que son prédécesseur, lui aussi serait lâché par ceux qui l'auraient porté au pouvoir, et, comme lui aussi, serait combattu par les armes mêmes dont il se serait servi pour y arriver. Ensuite, il tomberait à son tour, pour faire place à un troisième ambitieux, à qui succéderait un quatrième, et — à moins de l'état de siége à perpétuité — comme ça tous les six mois, de nouveaux ambitieux succéderaient continuellement, dans l'estime radicale, aux ambitieux satisfaits et repus.

Dans le second cas, c'est-à-dire si le candidat nommé, étant le favori des radicaux, voulait réaliser les promesses qu'il aurait faites avant d'être au pouvoir, nous éviterions, il est vrai, toutes ces émeutes, mais nous deviendrions bien vite les victimes de ses satellites, et ceux-là nous réserveraient sans doute le sort des otages, à moins que, remise en honneur, nous ne revoyions les beaux jours de la guillotine.

Ainsi, d'un côté les émeutes, de l'autre la guillotine ! D'un côté la ruine, de l'autre la mort !

Vous m'accusez de partialité, d'esprit de dénigrement ? C'est à tort. — Homme d'ordre avant tout, j'estime que le premier de mes devoirs est le respect de la loi. — Mais si Paris et quarante départements n'étaient pas en état de siége, vous ne penseriez pas ainsi : les citoyens se chargeraient de vous démontrer que République est synonyme de révolution, et que le véritable progrès veut que le peuple ait toutes les libertés, même les libertés de l'émeute.

Aussi, je le répète, je ne suis pas républicain parce que la République engendre fatalement en France l'émeute fréquente et le bouleversement perpétuel ; qu'ainsi elle n'est pas le gouvernement de la nation par la nation.

Est-elle au moins un régime économique ?

Comptons.

Les secousses imprévues sont tellement à redouter avec la République, même soutenue par l'Etat de siége, que, sous ce mode de gouvernement, le manque de confiance dans le lendemain est général. Il n'y a plus de commerce : les magasins sont vides de clients et regorgent de marchandises, les usines sont inactives, les ouvriers restent inoccupés ou gagnent moins ; en somme, le malaise est partout, la situation de tous est pénible et souvent précaire. Comme conséquence, la consommation diminue, les transactions sont nulles.

Un pareil état de chose amène forcément une diminution considérable de l'avoir national : les valeurs mobilières sont discréditées, et la baisse du prix de la propriété foncière est telle qu'on reste au-dessous de la vérité en évaluant à un cinquième celle qui l'a frappée au lendemain du 4 Septembre ; d'où il résulte que la fortune publique et la fortune privée subissent une énorme dépréciation.

Du reste, et pour avoir une idée exacte de la perte colossale que la seule proclamation de la République a coûté aux différentes valeurs mobilières ainsi qu'aux immeubles, il suffit de savoir que les hommes les plus compétents en matières financières estiment à au moins *vingt milliards* la différence qui existe entre la fortune nationale, aujourd'hui, et la fortune nationale avant Septembre 1870.

Tout le monde sait que l'Etat perçoit des droits à ses frontières, et qu'il en perçoit encore sur le prix des ventes, sur les échanges, sur les successions, enfin sur toutes les transactions et sur toutes les mutations.

Or, si la consommation diminue, il entre moins d'objets soumis aux droits, et l'Etat voit ses recettes s'amoindrir. De même, si la fortune privée est dépréciée, — en supposant les transactions égales en nombre, ce qui est loin d'être la vérité, — l'Etat perd les sommes qui seraient perçues sur l'écart entre la valeur vénale mobilière et immobilière en temps de monarchie.

De sorte que l'écart étant déjà d'un cinquième pour la propriété foncière, si, pour n'être pas accusé de forcer les chiffres, nous prenons seulement un dixième comme chiffre moyen de la dépréciation sur l'ensemble des valeurs mobilières et immobilières, comme les recettes de notre budget s'élèvent à plus de deux milliards, nous arrivons à constater une perte sèche, annuelle, du dixième de ces deux milliards, soit deux cent millions.

Aussi, pour combler le déficit, pour arriver à grand'peine à équilibrer le budget, on augmente les droits d'enregistrement et le prix du papier timbré ; et, comme cela ne suffit pas, on crée de nouvelles impositions : on taxe le sel, les allumettes, le sucre, le café, la bougie, le verre, etc., etc.

Voilà, sans compter les misères qui naissent après elle, ce que coûte la République.

Tandis que sous l'Empire :

Nous dépensions annuellement vingt-cinq millions pour la liste civile impériale, j'en conviens, mais la liste civile n'était pas affectée exclusivement aux dépenses personnelles de l'Empereur.

Sur ces vingt-cinq millions, 19,600,000 fr. (1)

---

(1) Chiffre fourni par la commission d'enquête, nommée pour connaître la fortune de l'Empereur.

faisaient indirectement retour à l'Etat, puisque l'Empereur consacrait chaque année pareille somme à la gestion et aux travaux d'entretien et de grosses réparations des bâtiments et palais de la couronne, au service des pensions qu'il faisait aux soldats de Crimée et d'Italie, ainsi qu'aux veuves des hommes illustres morts au service de la France, etc., etc.

Malgré la chute de l'Empire, ces dépenses subsistent intégralement, mais au lieu d'être acquittées par l'Empereur, elles sont payées par l'Etat. Voilà toute la différence.

On vous trompait donc, quand on vous disait que notre Souverain avait une dotation annuelle de vingt-cinq millions, puisqu'il n'avait en réalité que vingt-cinq millions moins dix-neuf millions six cent mille francs, somme égale à cinq millions quatre cent mille francs.

C'est cette dernière somme qui constituait ce qu'on appelait la cassette privée, et c'est avec cette somme que des subventions étaient accordées aux communes pour la construction des églises et des maisons d'école, aux hôpitaux, aux asiles et à toutes les institutions dont le but est de venir en aide aux nécessiteux ; c'est avec cette somme que des secours étaient donnés à tous ceux qui souffraient et qui, dans leur détresse, s'adressaient à l'inépuisable bonté de la Famille impériale !

Quant au surplus — bien faible hélas ! — il était dépensé en réceptions et en fêtes.

— En fêtes ! va dire la prudhomie républicaine.

— Oui, en fêtes !!! en fêtes qui, pour avoir lieu, demandaiant l'emploi du tapissier, du décorateur, du menuisier, du charpentier, du patissier, du jardinier, etc., et qui faisaient porter, servir et user tout ce que fournissent les négociants : la soie, le velours, les gants, les fleurs artificielles, les dentelles, les fourrures, les bijoux, les voitures, tout ce que fabriquent les ouvriers depuis le cordonnier jusqu'au coiffeur, depuis le chemisier jusqu'au tailleur.

Aussi, à cette époque, les ouvriers travaillaient, les commerçants vendaient, mais aujourd'hui !...

Et maintenant, puisque nous avons compté, comparons :

Nous avons comme dépense à la charge de la République :

1° Le traitement du Président, y compris ses frais de représentation (ci 300,000 fr.)   1,200,000

2° Plus les deux cent millions de perte annuelle que nous coûte le régime, ci 200,000,000

Total . . . Fr. 201,200,000

Comme dépense annuelle à la charge de l'Empire, nous avions :

La cassette privée (le surplus de la liste civile

étant, comme nous l'avons dit plus haut, employé au service de l'Etat), ci 5,400,000

Et, faisant la différence, nous avons comme prix de revient du gouvernement à bon marché, une somme annuelle de *cent quatre-vingt-quinze millions huit cent mille francs*, ci 195,800,000

Est-ce clair ?

Et puisque la République n'est pas le gouvernement de la nation par la nation ;

Puisqu'au lieu d'assurer le lendemain, elle fait craindre les émeutes ;

Puisque enfin, elle, qui ne nous apporte que la misère, nous coûte par an *cent quatre-vingt-quinze millions six cent mille francs* de plus que l'Empire, qui nous a donné vingt années de prospérité, de gloire et de bonheur...

Vous comprenez pourquoi je ne suis pas républicain.

Edouard Guillemin.

Avril 1875 — Verdun-sur-Saône.

P. S. — Qu'il me soit permis, avant de déposer la plume, de protester contre la scandaleuse mani-

festation qui s'est produite à Verdun-sur-Saône le
6 mars dernier, et de flétrir les lâches auteurs des
libelles anonymes distribués à cette occasion.

Je méprise et je foule aux pieds tout ce qui m'est
personnel, mais, à ces républicains factieux qui ne
veulent la liberté que pour eux, je dis :

Non, je n'ai point voulu faire de politique en en-
voyant une couronne destinée au tombeau de l'Empereur ; mes amis et moi, unis dans un même sen-
timent, n'avons eu qu'un seul but : rendre un
suprême témoignage de reconnaissance au Souverain sous le règne duquel la France a été élevée à
un degré de prospérité et de bonheur inconnu jusqu'alors.

Le parti bonapartiste est avant tout le parti de l'ordre ; et aujourd'hui, malgré les provocations des radicaux, il sait rester calme, il fait mépris des insultes.

Vous, républicains d'occasion, qui m'avez fait
l'honneur de m'outrager en compagnie du glorieux
vaincu de Sedan, j'ai le droit de vous interpeller et
de vous demander :

Que vous a-t-il donc fait, cet Empereur, pour
que vous maudissiez sa mémoire ?

Est-ce donc un crime de nous avoir donné, pen-
dant vingt ans, l'ordre et la sécurité ?

Est-ce un crime d'avoir rendu la France grande
et prospère ?

Est-ce un crime d'avoir fait respecter la religion, la morale et la propriété ?

Est-ce un crime d'avoir pour veuve la noble sœur de charité que tout le monde admire ?

Est-ce un crime, enfin, de nous avoir laissé un fils qui croit en Dieu et qui est l'espoir de la France ?

Répondez !

EDOUARD GUILLEMIN.